DES TÉNÈBRES À LA LUMIÈRE

Alain Mabanckou
Chaire annuelle de Création artistique
(2015-2016)

Lettres noires :
des ténèbres à la lumière

Collège de France / Fayard

ISBN : 978-2-213-70079-3
Dépôt légal, avril 2016.

Les Leçons inaugurales dans la collection Collège de France/Fayard

Depuis 2003, les Leçons inaugurales du Collège de France sont publiées dans la collection Collège de France / Fayard. Quelques leçons antérieures y ont été également republiées.

Les Leçons inaugurales du Collège de France

Depuis sa fondation en 1530, le Collège de France a pour principale mission d'enseigner, non des savoirs constitués, mais « le savoir en train de se faire » : la recherche scientifique et intellectuelle elle-même. Les cours y sont ouverts à tous, gratuitement, sans inscription ni délivrance de diplôme.

Conformément à sa devise (*Docet omnia*, « Il enseigne toutes choses »), le Collège de France est organisé en cinquante-deux chaires couvrant un vaste ensemble de disciplines. Les professeurs sont choisis librement par leurs pairs, en fonction de l'évolution des sciences et des connaissances. À l'arrivée de chaque nouveau professeur, une chaire nouvelle est créée qui peut ou bien reprendre, au moins en partie, l'héritage d'une chaire antérieure, ou bien instaurer un enseignement neuf.

Plusieurs chaires annuelles thématiques permettent également d'accueillir des professeurs invités pour une année (Création artistique, Développement durable, Informatique et sciences numériques, Innovation technologique).

Le premier cours d'un nouveau professeur est sa *leçon inaugurale*.

Solennellement prononcée en présence de ses collègues et d'un large public, elle est pour lui l'occasion de situer ses travaux et son enseignement par rapport à ceux de ses prédécesseurs et aux développements les plus récents de la recherche.

Non seulement les leçons inaugurales dressent un tableau de l'état de nos connaissances et contribuent ainsi à l'histoire de chaque discipline, mais elles nous introduisent, en outre, dans l'atelier du savant et du chercheur. Beaucoup d'entre elles ont constitué, dans leur domaine et en leur temps, des événements marquants, voire retentissants.

Elles s'adressent à un large public éclairé, soucieux de mieux comprendre les évolutions de la science et de la vie intellectuelle contemporaines.

Leçon inaugurale
prononcée le jeudi 17 mars 2016
par Alain Mabanckou,
professeur invité

Leçon inaugurale n° 263

Monsieur l'Administrateur,
Mesdames et Messieurs les Professeurs,

Dès 1916, on commença à diffuser dans ce pays l'allégorie de « Banania » créée un an plus tôt par l'artiste Giacomo de Andreis et qui marqua le siècle, fixant une image coloniale éternelle de l'homme noir.

À partir de 1917, le slogan dévastateur « Y'a bon » lui sera associé, et la réaction du « monde noir » viendra le 2 février 1919, à Paris, avec le Congrès de la race noire, juste deux années avant la parution de *Batouala*, le premier « roman nègre » signé par René Maran et primé par le Goncourt…

Les années 1930 ouvrirent l'ère de la fierté nègre et en 1956 se déroula, à quelques pas d'ici, à la Sorbonne, le Congrès des écrivains et artistes noirs à l'initiative de la revue *Présence africaine*, à cette époque où la capitale française était considérée comme le « phare du monde noir ». Ce congrès eut lieu dans l'amphithéâtre René Descartes, qui avait hébergé la

Déclaration universelle des droits de l'homme huit ans plus tôt, et il préludait l'heure des indépendances africaines et de la libération de la pensée noire.

Plus près de nous, en 1968, le romancier malien Yambo Ouologuem reçut le prix Renaudot pour *Le Devoir de violence* et, plus près de nous encore, au milieu des années 1970, ce fut la fin d'une immigration jusque-là ouverte, mais en même temps, cette politique qui désignait dorénavant l'Autre comme la cause des malheurs de l'Europe ne pouvait pas étouffer la stupéfaction et les interrogations de certaines de ces populations noires parfois nées en France, vivant en France, ne connaissant que la France, et qui ne savaient donc plus si elles étaient d'ici ou de là-bas. Les « Noirs de France » revendiquaient alors de plus en plus leur place dans l'histoire de cette nation et, dans les années 1980, elle fut désormais sur les écrans avec le film *Black Mic Mac* (1986).

En 1996, l'Académie française couronna *Les Honneurs perdus* de Calixthe Beyala. Débutait alors le temps d'une littérature d'ici, celle qui me conduira à publier en 1998 mon premier roman *Bleu-Blanc-Rouge* sur le mythe de l'Europe comme paradis pour les Africains, en cette période où la France, championne du monde de football pour la première fois, portée par l'euphorie de la victoire, se considérait comme « Black-Blanc-Beur » et aspirait à intégrer la question de l'esclavage dans sa mémoire collective.

Alors que nous sommes en 2016, c'est-à-dire un siècle après la vulgarisation des affiches Banania et soixante ans après le Congrès des écrivains et artistes noirs, la France se questionne encore sur les binationaux, tout en restant incapable de penser un monde qui bouge et de s'imaginer comme une nation diverse et multiple, donc riche et grande…

Au fur et à mesure que la date de mon intronisation au Collège de France approchait et que je poursuivais mes lectures pour préparer cette première prise de parole, je suis tombé sur un paragraphe de *La Littérature, pour quoi faire?* d'Antoine Compagnon, votre éminent collègue qui m'avait contacté en votre nom pour faire partie de votre famille cette année. Dans cette leçon inaugurale prononcée le 30 novembre 2006, il avouait :

> Vous n'imaginez pas tout ce qui manque à ma formation de lettré, tout ce que je n'ai pas lu, tout ce que je ne sais pas, puisque, dans la discipline où vous m'avez élu, je suis un quasi-autodidacte. J'enseigne pourtant les lettres depuis plus de trente années et j'en ai fait mon métier. Mais – comme je continuerai ici de le faire – j'ai toujours enseigné ce que je ne savais pas et pris prétexte des cours que je donnais pour lire ce que je n'avais pas encore lu, et apprendre enfin ce que j'ignorais[1].

Loin de me rassurer, cette lecture alimentait en moi une angoisse permanente, avec le sentiment que la tâche était lourde pour mes épaules au regard de l'histoire de la littérature du continent noir dans le siècle et de la place du passé colonial dans ce pays.

---

1. Antoine Compagnon, *La Littérature, pour quoi faire ?*, Paris, Collège de France/Fayard, 2007, p. 15. URL (texte intégral) : https://books.openedition.org/cdf/524 (§ 5).

Cruelle responsabilité pour moi, car je ne suis pas un professeur devenu un écrivain, mais un écrivain devenu professeur grâce aux États-Unis.

C'est donc l'écrivain qui vous parle aujourd'hui.

C'est donc l'écrivain qui regarde le monde et ce siècle qui bascule dorénavant dans les bruits du présent et les bouleversements de la mondialisation. Tout cela, toutes ces responsabilités en ces lieux et en ce temps me conduisaient à une sérieuse interrogation : et si vous vous étiez trompés de personne?

J'avais soudain trouvé le point de départ de mon allocution : commencer par vous décliner mon identité, et peut-être vous laisser l'opportunité de vous rétracter, l'erreur étant humaine...

Qui suis-je au fond?

Vous n'aurez pas de réponse dans mes deux passeports congolais et français. Suis-je un « Congaulois », comme dirait le grand poète congolais Tchicaya U Tam'si? Suis-je un « binational », pour coller à l'air du temps?

En réalité, en 1530, année de la création du Collège de France – j'allais dire du Collège royal –, je n'existais pas en tant qu'être humain : j'étais encore un captif et, en Sénégambie par exemple, un cheval valait de six à huit esclaves noirs ! C'est ce qui explique mon appréhension de pratiquer l'équitation, et surtout d'approcher un équidé, persuadé que la bête qui me porterait sur son dos me rappellerait cette condition de sous-homme frappé d'incapacité depuis la « malédiction de Cham », raccourci que j'ai toujours combattu. Mais ce mythe de Cham, revisité selon les époques et les circonstances, a nourri en grande partie un certain racisme à mon égard et a servi de feuille de route à l'esclavage des Noirs dans ses dimensions transatlantique et arabo-africaine. En même temps, de près ou de loin, il m'a sans doute inoculé la passion des mots, le désir de conter, de raconter et de prendre la parole.

Si ma couleur de peau, que je ne troquerais pour rien au monde, est absente des textes religieux rapportant cet épisode, on la retrouve curieusement chez Origène, le père fondateur de l'exégèse biblique, qui introduisit au

IIIe siècle l'idée de la noirceur du péché. Être noir sera par conséquent un destin pour des millions d'individus, parce que cette couleur, jetée en pâture, *cousue de fil blanc*, était devenue une posture face à l'Histoire. Le combat des femmes et des hommes épris de liberté, d'égalité et de fraternité – j'inclus les écrivains et les professeurs qui m'ont précédé – a contribué à nuancer les choses.

Pourtant, je suis le même homme : j'ai gardé mon nez épaté, et vous avez depuis longtemps dépassé les clichés des XVIe et XVIIe siècles où, ainsi que le note François de Negroni, certains abbés professaient que « les Noirs n'étaient en rien fautifs, ne devaient leur couleur qu'au soleil de leurs latitudes, qu'ils auraient une meilleure odeur s'ils vivaient dans le froid, et que si les mères africaines cessaient de porter les enfants écrasés sur leur dos, les nègres auraient le nez moins épaté[1] ».

Tout cela est, certes, de l'histoire, tout cela est, certes, du passé, me diraient certains. Or,

---

1. François de Negroni, *Afrique fantasmes*, Paris, Plon, 1992.

ce passé ne passe toujours pas, il habite notre inconscient, il gouverne parfois bien malgré nous nos jugements et vit encore en nous tous, car il écrit nos destins dans le présent.

En m'accueillant ici, vous poursuivez votre détermination à combattre l'obscurantisme et à convoquer la diversité de la connaissance. Je n'aurais pas accepté cette charge si elle était fondée sur mes origines africaines, et j'ai su que mon élection était singulière par le fait que vous élisiez pour la première fois un écrivain à cette chaire de Création artistique, et je vous remercie sincèrement de me compter parmi les illustres membres de votre institution.

En un mot, je suis fier et heureux d'être ici, parmi vous, avec vous…

*
* *

Mesdames, Messieurs,

En guise d'ouverture générale à mes prochaines leçons dans cette chaire de Création artistique, je vous propose de revenir sur quelques-unes des accointances de la littérature coloniale française avec la littérature d'Afrique noire d'expression française, à laquelle il conviendra – dans les marges et dans le récit parfois chaotique – d'associer les littératures caribéenne et afro-américaine. Sinon, que serait l'histoire de l'immigration noire en France sans le *Banjo* de Claude McKay? Sinon, que serait la pensée noire sans les poèmes et les passions d'Aimé Césaire?

Oui, la littérature d'Afrique noire et la littérature coloniale française sont à la fois inséparables et antagoniques au point que, pour appréhender la création littéraire africaine contemporaine et le roman actuel issu des présences diasporiques, nous devons relire à la loupe les écrits coloniaux, donc nous garder de les considérer comme poussiéreux ou destinés à être dispersés dans le fleuve de l'Oubli. C'est un constat indéniable : la littérature coloniale française a accouché d'une littérature dite « nègre », celle-là qui allait revendiquer plus tard une parole interdite ou confisquée par l'Occident, permise parfois sous tutelle ou sous le couvert d'une certaine aliénation culturelle, jusqu'à la franche rupture née de la « négritude », ce courant qui, dans l'entre-deux-guerres, exaltait la fierté d'être noir et l'héritage des civilisations africaines, et qui sera l'objet de ma prochaine leçon. Cette continuité est celle du temps, comme l'armée sénégalaise est le fruit des tirailleurs sénégalais, comme les frontières du Congo sont le résultat de la Conférence de Berlin qui partagea l'Afrique, et comme la langue française en Afrique est le fruit évident des conquêtes coloniales.

Si, pour nous, depuis l'Europe, l'Afrique est aujourd'hui proche, elle a été pendant longtemps le territoire des légendes entretenant l'intérêt des investigateurs obnubilés par la quête de lieux mythiques, comme la ville de Tombouctou, les sources du Nil, l'empire du Monomotapa ou l'empire du Songhaï. La recherche de ces *terrae incognitae* mobilisa les plus grands explorateurs. Quand ils ne trouvaient pas ce qu'ils cherchaient, souligne Jean de la Guérivière, « les explorateurs se chargeaient de créer un mythe nouveau par l'embellissement de découvertes parfois fortuites[1] ». Tous aspiraient à imiter Hassan al-Wazzan, dit Jean-Léon de Médicis ou « Léon l'Africain », lui qui, sur demande du pape Léon X, écrivit sa fameuse *Cosmographia de Affrica*, publiée à Venise sous le titre de *Description de l'Afrique*, ouvrage de référence, ouvrage pionnier sur l'Afrique du XVIe siècle...

Au siècle suivant parut une autre *Description de l'Afrique*, un ouvrage publié par le Hollandais Olfert Dapper. Ce dernier décortiquait avec une précision d'entomologiste le continent en établissant des cartes qui firent le bonheur des géographes de l'époque. Il n'avait jamais mis les pieds en Afrique mais, me rétorquerez-vous, Raymond Roussel n'avait pas non plus foulé les terres africaines pour écrire son roman *Impressions d'Afrique*, que les surréalistes avaient pourtant salué

---

1. Jean de la Guérivière, « Bien sûr, tout commence par les explorations », *Cahiers du Sielec*, n° 1 (*Littérature et colonies*), Paris/Pondichéry, Kailash Éditions, 2003, p. 50.

et qui avait même inspiré le peintre Marcel Duchamp.

Pour commettre sa *Description de l'Afrique*, Olfert Dapper avait recueilli la plupart de ses informations auprès de voyageurs, nombreux à Amsterdam à cette période. *Description de l'Afrique* pèche par sa vision ethnocentriste, et certaines de ses conclusions nous feraient sourire aujourd'hui, comme lorsqu'il est rapporté que les habitants de l'ancien royaume de Kongo sont des « gens fourbes, traîtres, [...] inquiets, querelleux et en même temps lâches et poltrons[1] ». Cependant, à la différence de ses contemporains, Dapper pouvait au moins revendiquer l'avantage d'avoir privilégié un angle interdisciplinaire, où l'histoire et la géographie côtoyaient la politique, l'économie, les us et coutumes. Notre époque n'est pas du tout rancunière puisqu'en 1986 un musée portant le nom de l'érudit hollandais et dédié aux arts d'Afrique noire a ouvert ses portes à Paris. Curieuse ironie, donc, puisque l'aveuglement

---

1. Olfert Dapper, *Description de l'Afrique*, traduction française de 1686, p. 339.

d'un temps est devenu la lumière de notre présent…

Empruntant une autre démarche, le récit de l'explorateur écossais Mungo Park, *Voyage dans l'intérieur de l'Afrique* (1799/1800), s'attachait à combattre la vision qu'avaient les Européens de l'Afrique[1]. Comme ses collègues, Mungo Park était aussi séduit par les légendes qui entouraient le fleuve Niger – il fut même l'un des premiers Occidentaux à l'avoir exploré. En 1795, il arriva d'abord en Gambie, puis au Niger, à Ségou. Dix ans plus tard, lors d'un second voyage, il disparut sur le Niger dans des circonstances aussi énigmatiques que les légendes qui entouraient ce fleuve. Il aura œuvré toutefois à dépeindre une Afrique qui n'était pas celle de la damnation, soutenant au passage que le commerce, l'agriculture, les échanges entre les royaumes qui préexistaient dans le continent avaient été perturbés par la stratégie qui consistait à pousser

---

1. Mungo Park, *Voyage dans l'intérieur de l'Afrique*, Paris, La Découverte, coll. « Poche/essais », 2009.

les populations locales vers les lieux de mise en valeur des entreprises coloniales, rompant de ce fait cet équilibre qui l'avait émerveillé au cours de ses voyages. L'Écossais enrayait parallèlement le mythe du bon sauvage et mettait en exergue les bons et les mauvais côtés du Noir qui, à ses yeux, n'était pas si différent du Blanc. Ce furent peut-être les derniers moments de questionnement avant que le discours racialiste, avec sa cohorte de savants, n'emporte le XIXe siècle...

René Caillié, considéré en France comme l'homologue de Mungo Park, publia son *Voyage à Tombouctou* en 1830, huit ans avant sa mort[1]. L'explorateur français avait, lui, effectué plusieurs voyages en Afrique, au Sénégal et en Égypte, apprenant scrupuleusement les langues locales. Il se rendit dans le Fouta-Djalon, jusque sur le haut Niger, avant de progresser vers Djenné et Tombouctou. Le nom de Tombouctou dans le titre de son

---

1. René Caillié, *Voyage à Tombouctou*, Paris, La Découverte, coll. « Poche/essais », 2007.

livre laisserait penser, à tort, qu'il avait consa-
cré une étude approfondie à la légendaire et
mystérieuse cité. Mais il avait fait l'essentiel,
et il pouvait valablement toucher la prime
alléchante qui avait été promise en ce temps
par la Société de géographie de Paris au
premier Européen qui se rendrait dans ces
lieux, et les spécialistes de la littérature coloniale associent souvent le coup d'envoi de la
littérature française d'exploration africaine à
son ouvrage.

Les romans qui s'appuyaient d'ailleurs sur
ces récits – comme *Cinq semaines en ballon*
(1863) de Jules Verne – avaient pour ambition de faire connaître l'Afrique. Mais une
certaine Afrique, précisons-le, une Afrique
où les préjugés, nombreux, croisaient le
désir d'exotisme et la passion de l'aventure.
Il y avait, de ce fait, un appétit de *connaissance*, de *savoir*, une nécessité de combler
le vide laissé par les explorateurs avec un
foisonnement de descriptions et de réfé-
rences. C'est ce qui fait dire à Jean-Marie
Seillan que la fiction d'exploration africaine
n'aura de raison d'être « qu'aussi longtemps

qu'il existe[ra] des taches blanches sur les cartes d'Afrique[1] ».

En inscrivant le *savoir* comme élément substantiel, les fictions d'exploration ne pouvaient que magnifier l'Afrique à leur manière – avec la maladresse prévisible d'en faire un continent unique, un continent de l'étrange et de la fascination. Le romancier d'exploration n'hésitait donc pas à prendre des libertés qui ne permettaient pas toujours au lecteur de séparer le bon grain de l'ivraie en un temps où le voyage vers l'Afrique était rare, exceptionnel et périlleux.

L'émergence ultérieure des romans d'aventures compliqua un peu plus l'équation puisque de la *connaissance*, du *savoir* prônés par les fictions d'exploration, nous nous acheminions vers des récits d'aventures africaines dans lesquelles la *possession* était désormais le trait dominant, comme dans *L'Étoile du Sud* (1884) de Jules Verne, *Le Trésor de Mérande* (1903) d'Henri de Noville ou encore les

1. Jean-Marie Seillan, *Aux sources du roman colonial. L'Afrique à la fin du XIXe siècle*, Paris, Karthala, 2006, p. 38.

Aventures périlleuses de trois Français au pays des diamants (1884) de Louis Boussenard. Les personnages – dénués de scrupules et animés par l'appât du gain – régnaient dans un espace éloigné où tout était permis. L'Africain, lui, était en arrière-plan, à la merci des caprices d'un narrateur manichéen. Non, l'Africain n'était pas un homme invisible, il était même vu par l'aventurier, mais il ne pensait pas ; ce qui intéressait l'auteur de romans d'aventures, c'était le côté insolite et mystérieux de cet environnement et l'opposition d'un monde de civilisation au monde de ceux qui n'avaient inventé ni la poudre ni la boussole, ceux qui n'avaient jamais su dompter la vapeur ni l'électricité, ceux qui n'avaient exploré ni les mers ni le ciel, pour reprendre les formules d'Aimé Césaire[1].

Succédant à la vague de fictions d'exploration et d'aventures, une littérature française dite « exotique » accompagna, elle, les conquêtes coloniales – et c'est sans doute

_____

1. Aimé Césaire, *Cahier d'un retour au pays natal*, Paris, Présence africaine, coll. « Poésie », 1939.

pour cela qu'elle avait parfois été perçue en opposition avec la littérature coloniale, comme si cette dernière était une étape ultérieure. Cette littérature exotique, selon Jean-François Staszac, « engage à reproduire un voyage qui a déjà été fait : celui d'où proviennent les textes ou les images si attirants qu'on veut aller les voir en vrai[1] ». Dans l'espace anglophone, le genre avait eu un tel succès que certaines fictions s'étaient vues érigées au rang de chefs-d'œuvre. En France, Jean-Marie Seillan, qui avait recensé plus d'une centaine d'œuvres de cette période, avoua ne pas en avoir raté une seule qui aurait eu la force d'un Joseph Conrad dans *Au cœur des ténèbres* ou d'un Henry Rider Haggard dans *Elle : un récit d'aventures*. L'universitaire n'avait trouvé qu'« un foisonnement de romans qui constituent un champ négligé de la littérature de la fin du XIXe siècle[2] ».

---

1. Jean-François Staszac, « Qu'est-ce que l'exotisme? », *Le Globe. Revue genevoise de géographie*, tome 148, 2008, p. 24.

2. Jean-Marie Seillan, *Aux sources du roman colonial*, *op. cit.*, p. 8.

Les Britanniques n'échappèrent pas non plus aux pièges du genre. Pour l'écrivain nigérian Chinua Achebe, par exemple, *Au cœur des ténèbres* montrait une Afrique trop sombre, dans laquelle on ne voyait que sorcellerie et protagonistes obscurs qui n'étaient pas, de toute façon, les vrais acteurs du roman. Les Africains n'étaient qu'une « matière », les objets d'une analyse que Conrad avait décidé de faire du continent noir. À la rigueur, ce qui comptait pour l'écrivain anglais, c'était ce long voyage, c'était la remontée du fleuve Congo par son personnage principal mandaté par les Belges. Il n'y avait jamais une vraie introspection, un regard intérieur qui aurait pu aider à saisir l'« âme » de ces populations africaines, puisque Joseph Conrad présentait l'Afrique comme un « autre monde », un monde de la bestialité, en somme, « l'antithèse de l'Europe, par conséquent de la civilisation[1] ».

Néanmoins, *Au cœur des ténèbres* demeure un livre majeur, bien au-delà de son siècle,

---

1. Chinua Achebe, « An image of Africa: Racism in Conrad's *Heart of Darkness* », *Massachusetts Review*, vol. 18, n° 4, 1977.

puisqu'il inspira en 1979 le film devenu mythique et prophétique, *Apocalypse Now*, de Francis Ford Coppola.

Dans les œuvres exotiques aussi, comme dans les romans d'aventures, l'Africain jouait toujours un rôle caricatural et, pour l'heure, il n'y avait aucune concurrence de discours puisqu'il n'avait pas encore donné sa propre vision du monde – dans le même esprit d'ailleurs que la propagande coloniale, où ce qui était illustré ne parlait jamais, ne contredisait rien, ne prenait jamais la parole. Alors on se mettait à croire à cette propagande coloniale, comme on se mettait à croire en ces romanciers qui semblaient nous dire le vrai alors qu'ils inventaient un continent, alors qu'ils imaginaient les Noirs…

Le champ de la littérature coloniale, pour sa part, n'est pas aussi simple à déterminer. Bernard Mouralis nous rappelle combien, à l'époque de son rayonnement, cette littérature était tout simplement dénommée « littérature africaine » avant d'être qualifiée tour à tour de

« littérature négrophile », de « littérature escla-
vagiste », de « littérature exotique » et, fina-
lement, de « littérature coloniale[1] ». Même si
les mots se cherchaient, cette littérature avait
marqué son temps et avait largement contribué
à la culture coloniale, devenue durant cette
période un des pivots de la pensée commune
des Français sur le monde.

Dans un souci d'élargissement du corpus,
János Riesz considère que la littérature coloniale ne peut être vue comme un ensemble
cohérent dans la mesure où elle était portée
par des genres aussi hétéroclites que les récits
d'exploration, les mémoires des coloniaux ou
des fonctionnaires, les textes de propagande,
la poésie, le drame ou, pour ce qui nous inté-
resse, le roman.

Je rajouterais même qu'il est nécessaire
de dépasser le poncif selon lequel la littérature coloniale serait essentiellement celle
qui proviendrait du colonisateur – sinon,
comment et où classer la littérature africaine

---

1. Bernard Mouralis, *Littérature et développement*, Paris,
Silex, 1981, p. 309.

de l'ère coloniale produite par les indigènes et qui annonçait déjà leur volonté de ne pas laisser les autres bêler à la place de la chèvre?

Inscrire le roman africain de cette période dans la sphère du roman colonial ne signifie pas lui affecter le même discours que la production littéraire coloniale française, bien au contraire. De fait, même à l'intérieur de ce que j'appellerais la « fiction coloniale africaine », on rencontrait forcément des subdivisions entre, d'un côté, les auteurs qui prêchaient plutôt une certaine conciliation à l'égard de la culture occidentale – avec le risque d'être taxés d'« assimilés » – et, de l'autre, ceux qui opéraient une rupture radicale, dans un élan farouche d'illustration des civilisations africaines qui a connu un moment de basculement dans les années 1930 avec la négritude que je viens d'évoquer.

La littérature française des colonies – ou sur les colonies – se démarquait de celle, exotique, qui la précédait en ce que les écrivains coloniaux posaient comme préalable la *connaissance*, le *vécu* dans les colonies. Un peu comme dans la littérature de voyage, qui n'était pas faite pour les casaniers : connaître la situation coloniale, c'était en comprendre de l'intérieur les mécanismes, que l'on soit zélateur ou critique ; c'était de l'intérieur que s'écrivait cette littérature. Être né dans les colonies était un plus, affirmait Roland Lebel dans *L'Afrique occidentale dans la littérature française*, où il érigeait carrément l'écrivain colonial Robert Randau, auteur du *Chef des porte-plume* (1922), au même rang que Rudyard Kipling, le romancier français – comme son homologue anglais – ayant vu le jour dans les colonies et ses livres étant de ce fait « le résultat d'une documentation directe, puisée dans la réalité d'événements vécus par lui[1]… ».

Dans l'esprit de la littérature coloniale, la légitimité du discours devait donc revenir à ceux qui vivaient – ou avaient vécu – la réalité coloniale, loin de l'attitude de ces voyageurs qui survolaient le continent et s'empressaient de raconter leur pèlerinage. Ce principe

---

1. Roland Lebel, *L'Afrique occidentale dans la littérature française (depuis 1870)*, Paris, Larose, 1925, p. 213.

disqualifiait, par exemple, les écrits d'André Gide, *Voyage au Congo* et *Retour du Tchad*. C'était cette exigence du vécu qui corrobore l'idée que la littérature coloniale avait pris son élan avec la mise en place de la colonisation, et son objectif était clair : justifier l'entreprise coloniale.

Les réserves émises par les écrivains coloniaux à l'égard des écrivains voyageurs sonnent plutôt comme une attitude de préservation d'un pré carré tropical puisque plusieurs de ces écrivains voyageurs, comme Gide, changeront davantage le regard sur l'époque coloniale et l'Afrique moderne que les dizaines de livres, pourtant à succès, d'Henry Bordeaux, des frères Tharaud ou du commandant Jean Renaud.

Il y avait donc, chez certains écrivains voyageurs, un discours qui mettait à mal les fondements du système colonial, et le préalable de l'expérience de terrain n'était alors qu'une échappatoire car, dans l'entre-deux-guerres, l'ethnologie en appelait, elle aussi, à la même rigueur. Michel Leiris avouera, d'ailleurs, dans sa préface à *L'Afrique fantôme* : « Passant

d'une activité presque exclusivement littéraire à la pratique de l'ethnographie, j'enten-
dais rompre avec les habitudes intellectuelles
qui avaient été les miennes jusqu'alors et, au
contact d'hommes d'autre culture que moi
et d'autre race, abattre des cloisons entre
lesquelles j'étouffais et élargir jusqu'à une
mesure vraiment humaine mon horizon[1]. »
Fort de ce constat, il multiplia les voyages
en Afrique et aux Antilles. C'est à son retour
de la Mission ethnographique et linguistique
Dakar-Djibouti, guidée par Marcel Griaule,
qu'il publiera en 1934 *L'Afrique fantôme*,
somme immense dans laquelle on note non
seulement une exigence scientifique, mais
aussi un souffle poétique revisitant le genre
du journal intime ou du carnet de route, et
plaçant son auteur à mi-chemin entre l'ethnographie et le mouvement surréaliste.

Ce besoin de contact avait été observé bien
avant par l'ethnologue Marcel Griaule, qui
avait pris Leiris comme secrétaire-archiviste

---

1. Michel Leiris, *L'Afrique fantôme*, Paris, Gallimard,
1934 ; rééd. coll. « Tel Quel », 2008, p. 12-13.

dans sa mission l'emmenant de Dakar à Djibouti. On reconnaît aujourd'hui l'importance des travaux de Griaule, mais surtout on constate avec quelle attention il avait regardé l'Afrique et l'humain, un tournant majeur dans la manière même de parler de ce continent.

C'est ainsi que s'affirmèrent des écrivains voyageurs qui, eux aussi, s'écartaient de plus en plus du lyrisme des récits d'exploration. On note, par exemple, le genre du récit-documentaire chez Paul Morand et son *Paris-Tombouctou* (1928) – mais les écrivains coloniaux auraient pu lui rétorquer que son récit sur Tombouctou n'occupait qu'une infime section du livre et que le voyage se passait en grande partie au Sénégal, au Soudan français, en Guinée, en Haute-Volta et en Côte d'Ivoire[1].

On pense aussi aux pages explosives et incisives de *Voyage au bout de la nuit* (1932) de Louis-Ferdinand Céline et, en particulier, à

---

1. Paul Morand, *Paris-Tombouctou*, Paris, Flammarion, coll. « La Rose des vents », 1928.

sa description du Cameroun, où il avait vécu près d'une année après la Grande Guerre. Mais c'est André Gide qui porta assurément un grand coup aux écrivains coloniaux et devint, de ce fait, une de leurs cibles privilégiées – peut-être, rouspéteraient les coloniaux, parce que son voyage de sept mois en Afrique équatoriale française n'était pas suffisant pour suppléer une vraie et longue immersion. Ce fut néanmoins dans *Voyage au Congo* (1927) qu'il exposa les conditions de vie des autochtones, en particulier le travail forcé, les abus et la brutalité des compagnies concessionnaires en zones forestières, pratiques couvertes par l'administration coloniale. Certes, Gide ne remit pas en cause le système colonial, uniquement ses abus, sa violence et sa déshumanisation, mais il suscita toutefois un véritable débat jusque sur les bancs de l'Assemblée nationale française. La droite coloniale lui reprochait ses cris d'effroi, la gauche coloniale de ne pas voir l'œuvre civilisatrice de la France. Il avait seulement été lucide, et malgré sa lucidité, il ignorait sans doute comment sortir du tourbillon colonial.

La mise en cause du système colonial était néanmoins en marche, portée, entre autres, par *Terre d'ébène*, le brûlot d'Albert Londres qui parut d'abord dans le quotidien *Le Petit Parisien* en 1928, puis une année plus tard sous forme d'ouvrage chez Albin Michel. L'écrivain journaliste livrait le plus fort témoignage de l'époque sur les prétendues « ténèbres » africaines : c'était du Conrad, mais avec les chiffres en plus! Lorsque Londres décida de se rendre pendant quatre mois en Afrique, il dut jongler non seulement avec les fonctionnaires du ministère des Colonies qui avait été créé en 1894, mais aussi avec les petits fonctionnaires de l'Agence générale des colonies, instituée en 1919 et dont la mission quasi divine était de fabriquer une image idéale de l'épopée impériale, où les Blancs devaient servir de guides, les masses africaines étant contraintes de les suivre en souriant et, au milieu de ce monde idéal, les ponts, les routes et les quais portuaires devaient préparer l'Afrique de demain. Dans mon pays d'origine, le Congo, le chemin de fer qui coûta la vie à mes ancêtres était en pleine construction tandis qu'à Marseille s'était déroulée, en 1922, une seconde exposition coloniale, renforçant, comme le souligneront Pascal Blanchard, Nicolas Bancel et Sandrine Lemaire, l'essor de l'idée impériale et l'engouement pour les « zoos humains » qui résultaient de « la construction d'un imaginaire social sur l'Autre (colonisé ou non); ensuite, [de] la théorisation scientifique de la "hiérarchie des races" dans le sillage des avancées de l'anthropologie physique; et, enfin, [de] l'édification d'un empire colonial alors en pleine construction[1] ».

C'est donc dans ce contexte que *Terre d'ébène* arriva. Ce livre illustra le courage et l'objectivité de ce journaliste et écrivain qui dénonçait le travail forcé, pour ne pas dire une autre forme d'esclavage perpétué dans les colonies par la France, la plus grande France, celle de la République. Ce chemin de fer du Congo, qui devait fendre les forêts africaines pour emporter les richesses du sol d'Afrique par delà l'océan, devenait le symbole même de l'exploitation du continent par les colonisateurs.

---

1. Nicolas Bancel, Pascal Blanchard et Sandrine Lemaire, « Ces zoos humains de la République coloniale », *Le Monde diplomatique*, août 2000, p. 16-17.

Albert Londres dira dans sa préface, comme pour assumer ses prises de position inattendues au moment où le livre était critiqué :

> Je demeure convaincu qu'un journaliste n'est pas un enfant de chœur et que son rôle ne consiste pas à précéder les processions, la main plongée dans une corbeille de pétales de roses. Notre métier n'est pas de faire du tort, il est de porter la plume dans la plaie[1].

Avec les textes des grands voyageurs, les enquêtes des reporters, les récits des écrivains français contestataires et les articles des journalistes lucides sur le monde d'alors se dessinait pour l'Afrique une prise de conscience qui éclatera avec l'avènement de la littérature africaine écrite par les Africains, pour les Africains – à première vue –, mais en réalité en forme de réponse à l'idéologie coloniale, donc mettant l'Europe sur le banc des accusés...

---

1. Albert Londres, *Terre d'ébène*, Paris, Arléa, 2008, p. 11.

Mesdames et Messieurs,

On nous présente d'ordinaire le continent africain comme le lieu de prédilection de la littérature orale, traditionnelle. La formule d'Amadou Hampaté Bâ, généralement prise à tort comme argument indéniable de la prééminence de l'oralité africaine, est désormais un adage : « En Afrique, quand un vieillard meurt, c'est une bibliothèque qui brûle. »

Le contexte de ces propos, prononcés le 1er décembre 1960 lors de la onzième conférence de l'Unesco, était plutôt lié à la nécessité de préserver une des sources de l'histoire du continent, et c'est donc une idée erronée que de prétendre que l'Afrique aurait découvert l'expression écrite avec l'avènement de la colonisation et de la littérature coloniale.

L'alphabet arabe préexistait à l'alphabet latin, introduit bien plus tard par les missionnaires. Les littératures traditionnelles d'Afrique, comme le soulignent Jean Derive, Jean-Louis Joubert et Michel Laban, « s'inscrivent toutes dans une civilisation de l'oralité, ce qui n'implique ni ignorance ni exclusion de l'écriture. Cela veut dire que, même lorsqu'elle laisse des traces écrites, la littérature traditionnelle n'est pas faite pour être consommée à la lecture mais pour être récitée sans support, en présence directe d'un auditoire, afin d'assurer la cohésion du groupe et la conscience communautaire[1] ».

Si la colonisation a engendré une littérature africaine d'expression française par le biais de l'acculturation, cette littérature africaine bénéficia parallèlement du souffle culturel venu de l'Amérique, où l'homme noir revendiquait son intégrité devant une nation ségrégationniste, qui poussa plus tard plusieurs écrivains et artistes afro-américains de renom à s'exiler en Europe, entre les années 1920 et 1930, en particulier en France, où ils trouvèrent un espace d'expression pour leur art. Cette Renaissance de Harlem transposée à Paris, qui irrigua la Ville-Lumière et conforta la pensée noire aux États-Unis, aura une influence

1. Jean Derive, Jean-Louis Joubert et Michel Laban, « Afrique noire (Culture et société) – Littératures », Encyclopædia Universalis [en ligne], consulté le 30 janvier 2016. URL : http://www.universalis.fr/encyclopedie/afrique-noire-culture-et-societe-litteratures

directe sur l'émancipation des étudiants noirs en France. Ces rives afro-américaines de la Seine seront comme un aimant du monde au cœur de l'entre-deux-guerres, et – au-delà de la parenthèse lugubre de Vichy – cette passion se poursuivra dans les années 1950 pour faire de Paris la ville de l'émancipation des Noirs, non pas seulement d'Afrique, mais du monde entier, et dans le même temps, l'espace où la littérature coloniale prendra son envol vers une nouvelle destinée.

En 1956, à l'heure du Congrès des écrivains et artistes noirs déjà évoqué, et dans ce bouillonnement culturel de Paris, en décrivant la colonisation, en la déconstruisant, en la critiquant, plusieurs auteurs du continent africain s'inscrivaient dans la continuité de la littérature coloniale, mais en rupture avec le regard posé sur l'espace colonial qui, lui, avançait à grands pas vers les indépendances. On en retrouve une multiplicité de traces, notamment dans *Un Nègre à Paris* de Bernard Dadié (1959) où, dans une sorte d'« exotisme inversé », c'est l'Africain qui dissèque la civilisation occidentale.

Réhabiliter et exalter l'Afrique, tenir tête au discours occidental constituent les angles d'attaque de ce mouvement. Dire « non » par la création, convoquer la puissance de l'imaginaire, proposer une autre lecture du genre humain, telles allaient être les tâches des auteurs africains, aussi bien pendant la période coloniale qu'après les indépendances, dans une sorte d'inventaire des mémoires. En somme, cette littérature d'Afrique noire se donnait pour ambition non seulement de substituer la parole africaine à la parole du colonisateur, mais également de rejeter radicalement le répertoire de clichés du roman colonial, sa représentation du monde social et son idéologie. Mais avec quels livres? Avec quels auteurs? Quels mots pouvaient promouvoir cette révolution? À partir de quelle date peut-on parler d'un *avant* et d'un *après*?

Les premiers murmures se font entendre avec l'explorateur métis sénégalais Léopold Panet en 1850, qui explora certains lieux d'Afrique avant les Européens, et un autre métis, l'abbé David Boilat, qui publia ses *Esquisses sénégalaises* en 1853.

Mais l'année 1921 était, à n'en pas douter, ce moment-clé de l'élan des lettres négro-africaines, c'est-à-dire, deux ans seulement après le Congrès de la race noire à Paris – qui est aussi le second Congrès panafricain. Le temps était à la critique.

C'est en effet en 1921 que parut le roman qui suscita à la fois de l'admiration et de vives critiques, avec son titre bien ancré, *Batouala*, sous-titré *Véritable roman nègre* et signé par René Maran. L'auteur, d'origine guyanaise, devint le premier Noir à obtenir le prix Goncourt, et le livre se déroule en Oubangui-Chari, où l'écrivain est stagiaire dans l'administration coloniale. Ce prix résonnait indirectement comme une réponse au sacrifice des tirailleurs sénégalais au cours de la Grande Guerre, que la marque Banania affichait désormais sur les murs de France à travers « l'ami Y'a bon », dont le sourire hantait des millions de Français en dette envers l'Afrique. Il résonnait aussi comme une réponse aux Allemands qui dénonçaient cette même année la présence de ces tirailleurs noirs outre-Rhin et parlaient de « honte noire ».

La préface de *Batouala* est une des charges littéraires les plus virulentes venant d'un Noir contre un système dans lequel il était intégré lui-même. Au-delà de ce texte liminaire, qui jeta un pavé dans la mare, *Batouala* est un roman qui ne tranche pas clairement le nœud gordien, une veine ambiguë que suivront des auteurs tels que les Sénégalais Ousmane Socé et Abdoulaye Sadji, ou le Guinéen Camara Laye. Même si ces romanciers conciliants n'ont pas pour objectif d'attaquer frontalement l'Occident, ils combattent en toile de fond la thèse de la supériorité de la culture blanche en exposant une certaine réalité africaine. Mais *Batouala* demeure un roman colonial, comme l'écrit Andrea Cali, parce que Maran « laisse transparaître des préjugés de colonisateur dans sa présentation de certains aspects de la vie africaine, et ne remet pas vraiment en question les abus des colonisateurs dans le corps du récit[1] ».

_____

1. Andrea Cali, « Le roman négro-africain avant l'indépendance : le roman colonisé », *Cahiers du Sielec*, n° 1 (*Littérature et colonies*), Paris/Pondichéry, Kailash Éditions, 2003, p. 324.

Les rapports de Maran avec le système colonial illustrent une des grandes ambivalences des lettres négro-africaines, à savoir le désir d'assimilation patriotique de l'auteur aux élites françaises. Persuadé de son devoir de propagande impériale, à partir de 1937, René Maran sera financé par le Service intercolonial d'information et de documentation afin de rédiger des articles adressés gracieusement aux journaux qui soutenaient la propagande coloniale. Ce travail pour le compte du ministère des Colonies et de l'agence de propagande se poursuivit pendant une partie de l'Occupation, et il reçut en 1942 le prix Broquette-Gonin de l'Académie française, destiné à récompenser des auteurs remarquables pour leurs « qualités morales ». Il publia plusieurs ouvrages sur les bâtisseurs d'empires, notamment chez Gallimard, *Brazza et la fondation de l'AEF* (1941), et chez Albin Michel, *Les Pionniers de l'Empire* (1943). Même si, après la guerre, il participa au premier Congrès mondial des écrivains et artistes noirs, même s'il fut encore présent à la deuxième édition de ce congrès à Rome en 1959, son parcours dans les années 1930 soulève de multiples interrogations. Il signe en effet des textes dans *Candide* de 1933 à 1935 – un journal littéraire plutôt ancré à droite –, mais aussi dans *Vendémiaire*, et surtout dans *Je suis partout*, le grand journal fasciste français qui deviendra pendant la guerre un quotidien collaborationniste et antisémite de premier plan[1].

Batouala aura toutefois une influence dans la génération des intellectuels noirs à Paris : Léopold Sédar Senghor reconnut que René Maran avait été le premier à « exprimer l'âme noire avec un style nègre en français[2] ». Sans doute Senghor et ses confrères de la négritude étaient-ils conscients que certaines œuvres africaines parues après *Batouala* – comme *Force et bonté* (1926) de Bakary Diallo, ancien tirailleur sénégalais, qui fut le premier témoignage d'un Africain d'expression française

---

1. Maran signe, par exemple, un article intitulé « Pourquoi ne vend-on pas d'automobiles dans nos colonies ? », *Je suis partout*, 27 juin 1936.

2. Léopold Sédar Senghor, *in* : *Hommage à René Maran*, Paris, Présence africaine, 1965.

sur la Première Guerre mondiale – étaient en général imprégnées d'une obédience à la colonisation dont elles appuyaient l'idéologie de la mission civilisatrice.

Il n'y avait pas d'excuses pour une littérature de soumission : l'époque était celle de la remise en cause des préjugés dans les arts graphiques et picturaux, avec notamment *Les Demoiselles d'Avignon* (1907) de Picasso, influencé dans son travail par les masques et surtout par les mouvements corporels novateurs venus du continent noir. Pour réaliser cette peinture, matrice artistique du xxᵉ siècle naissant, Picasso s'était inspiré d'une carte postale du photographe Edmond Fortier montrant plusieurs femmes porteuses d'eau. Il l'avait acquise en visitant l'exposition coloniale de 1906 présentée ici, à Paris, sous la coupole du Grand Palais. Dans ce zoo humain officiel, dans ce temple de la propagande coloniale naîtra un autre regard sur le monde, l'art et l'Afrique. Cette rupture est aussi présente dans la littérature avec l'*Anthologie nègre* de Blaise Cendrars, parue en 1921, la même année que *Batouala*.

Il n'y avait pas d'excuse pour une littérature de soumission : l'époque était également celle de la vulgarisation en Europe du jazz, des danses et des cultures noires en général. L'époque était enfin celle des thèses inattendues de l'ethnologue et archéologue allemand Leo Frobenius, qui démontait l'idée de la barbarie africaine et séduisait les Noirs de France, les encourageant à se départir de l'aliénation culturelle inculquée par l'éducation européenne, à reconsidérer le monde de fond en comble et à reconnaître l'apport de leurs propres civilisations à l'histoire de l'humanité. Et l'expression de cette posture de reconquête se manifesta dans les revues des étudiants, ne tenant parfois que sur quelques numéros, comme *La Revue du monde noir, Légitime Défense* – publications mises en cause par le gouvernement français, qui menaça notamment de supprimer leurs bourses –, ou encore *L'Étudiant noir*, revue dans laquelle on trouvait des textes d'Aimé Césaire, de Léopold Senghor ou de Léon Gontran Damas.

Ces trois initiateurs de la négritude furent également présents dans la revue *Présence africaine*, créée par Alioune Diop en 1947. À travers ces liens entre générations se tissait une émancipation des mots qui était aussi celle des idées et des hommes, dans un monde colonial cadenassé, où l'Autre était désormais un sujet de l'Empire (devenu l'Union française). Autre ambiguïté de l'époque : le colonisé faisait parfois partie du cérémonial, du système, comme ministre, sénateur ou député. Une bonne partie des membres de l'élite noire embrassaient ainsi le *statu quo* en devenant des notables de l'Union française alors que l'autre partie parlait désormais de rupture radicale.

Tout au long de cette décennie qui a connu la collaboration, la négritude avait le vent en poupe – Léon Gontran Damas publie *Pigments* (1935), Aimé Césaire édite *Cahier d'un retour au pays natal* (1939), Léopold Sédar Senghor rédige *Chants d'ombre* (1945) et surtout, trois ans plus tard, son *Anthologie de la nouvelle poésie nègre et malgache d'expression française*. Les trois auteurs sont même adoubés par des voix fortes de la littérature française : Césaire fut préfacé par André Breton, Senghor – comme plus tard

Franz Fanon – par Jean-Paul Sartre, et Damas par Robert Desnos.

Entretemps, en 1948, l'anthologie africaine de Senghor a démontré l'existence d'une poésie négro-africaine en français et a fait découvrir des poètes comme David Diop, Birago Diop, Guy Tirolien, Jacques Rabemananjara ou encore Lamine Diakhaté, donnant l'impression que la poésie était le genre de prédilection du courant de la négritude. Mais le roman ne tardera pas à émerger et à occuper une place considérable...

Les premiers romanciers qui font leur apparition sont naturellement formés par l'école européenne selon le principe de l'assimilation qu'imposait l'administration coloniale et donc, au fond, avec toute la frustration d'une génération qui comprend qu'il ne s'agit plus seulement de démonter le système colonial mais de dégonfler les fondements d'une entreprise dont la Seconde Guerre mondiale a illustré l'absurdité. Il faut exposer la grandeur d'une Afrique défigurée mais digne, sur les traces de ce qu'avait écrit le Béninois

Paul Hazoumé dans son roman historique *Doguicimi* (1938), rejoint plus tard par le Congolais Jean Malonga dans *La Légende de M'Pfoumou Ma Mazono* (1954) ou le Guinéen Djibril Tamsir Niane dans *Soundjata ou l'épopée mandingue* (1960) sur la fondation de l'Empire du Mali.

Mais toutes les œuvres de cette période turbulente n'étaient pas forcément étiquetées comme « engagées » dans la confrontation avec l'Occident. Certaines s'appliquaient plutôt à peindre les nouvelles mœurs africaines devant les charmes et les tragédies de la modernité, à disséquer le poids des traditions ancestrales dans la ligne des écrits fondateurs du Sénégalais Ousmane Socé – notamment *Karim*, publié en 1935 et sous-titré avec fierté *Roman sénégalais* –, comme dans *Un piège sans fin* (1960), d'Olympe Bhêly-Quénum, ou encore *Sous l'orage* (1957), du Malien Seydou Badian.

De tous les thèmes de cette période (entre 1935 et 1960), c'est la colonisation qui demeurait la question centrale ou guidait la démarche des auteurs. Dans *Climbié* (1956), par exemple, Bernard Dadié évoquait la question de l'acculturation par la langue française, dont l'apprentissage s'accompagnait des punitions les plus humiliantes. Ainsi s'interrogeait-il, avec une ironie digne des *Lettres persanes* de Montesquieu : « Quelles sanctions prendre contre les individus qui jouent si légèrement avec une langue aussi riche, coulante et diplomatique que la langue française ? »

Le Camerounais Ferdinand Oyono s'attaqua pour sa part à l'ingratitude française dans *Le Vieux Nègre et la médaille* (1956), où l'autochtone avait tout donné à la France – les terres et des hommes pour aller combattre en Europe – et ne recevait en guise de reconnaissance qu'une médaille, dans des conditions à la fois loufoques et tragiques. Tel était déjà le cas dans le poème liminaire du recueil *Hosties noires* (1948) de Senghor qui, dès son ouverture, rendait hommage aux tirailleurs sénégalais en clamant :

Vous n'êtes pas des pauvres aux poches vides sans honneur.

Mais je déchirerai les rires banania sur tous les murs de France.

En 1956, dans *Une vie de boy*, le même Oyono s'appesantit sur les relations colonisateur-colonisé, des relations marquées à la fois par la domination de l'un et la fascination de l'autre.

Considéré comme le Zola africain – peut-être pour sa veine naturaliste et la parenté de *Germinal* avec son roman *Les Bouts de bois de Dieu* (1960) –, le Sénégalais Sembène Ousmane évoqua dans sa fiction la grève des cheminots de la ligne Dakar-Niger en 1947-1948 pour illustrer les aberrations de la colonisation, allant de la corruption des chefs coutumiers aux brutalités des forces de l'ordre, avec, en toile de fond, le courage des femmes des grévistes qui entreprendront une longue marche de protestation.

Le Camerounais Mongo Beti – aussi connu sous le pseudonyme d'Eza Boto – devint le plus virulent de cette génération, avec son article polémique « L'Afrique noire, littérature rose » (1955), paru dans la revue *Présence africaine*[1]. Il recommandait un engagement absolu de l'écrivain africain, ce qu'il démontra lui-même dans *Ville cruelle* (1956), pointant du doigt les abus dans l'exploitation des richesses du Cameroun par les colons avec la complicité de certains indigènes, ou encore dans *Le Pauvre Christ de Bomba* (1956), véritable réquisitoire contre une évangélisation imposée.

L'Aventure ambiguë (1961), du Sénégalais Cheikh Hamidou Kane, se pencha sur le sort du colonisé écartelé entre sa culture d'origine – du pays des Diallobé –, celle de l'école coranique et celle de l'école française où, comme le dit la Grande Royale, un des personnages du roman, on apprenait « l'art de vaincre sans avoir raison ».

L'angle d'attaque était partout le même : la convocation d'une Afrique dite « profonde », « ancestrale », « traditionnelle » que l'on retrouvait chez Camara Laye, dans *L'Enfant noir* (1954), un roman qui divisa une bonne partie

---

1. Mongo Beti, « L'Afrique noire, littérature rose », *Présence africaine*, n°s 1-2 (avril-juillet 1955), p. 133-145.

des écrivains de l'époque. Récit autobiographique au ton plutôt pondéré et serein narrant l'enfance et les traditions de l'auteur, *L'Enfant noir* agaça, horripila même le monde anglophone, le Nigérian Chinua Achebe le qualifiant de roman trop « sucré à son goût », tandis que le plus intransigeant des « procureurs » en langue française, Mongo Beti, écrivit :

> Laye ferme obstinément les yeux dans son roman *L'Enfant noir* sur les réalités les plus cruciales. Ce Guinéen n'a-t-il donc rien vu d'autre qu'une Afrique paisible, belle, maternelle? Est-il possible que pas une seule fois Laye n'ait été témoin d'une seule exaction de l'Administration coloniale française?

Cette divergence entre Mongo Beti et Camara Laye définit au fond une ligne de rupture au sein de cette littérature africaine postcoloniale en train de se chercher. Beti « pense » la littérature et lui affecte une fonction précise : la libération des peuples africains des chaînes de la domination coloniale. Laye, à l'opposé, « vit » la littérature comme un moyen de capter

l'individu, la famille, et il cultive par conséquent l'émotion, refusant que son « je » soit
collectif, abstrait et moralisateur.

Ce sont ces deux voies que suivront les
lettres africaines après les indépendances, avec
des variantes selon les périodes, entre, d'une
part, une « néo-négritude » se confondant
dans un africanisme identitaire et inflexible et,
d'autre part, un besoin de liberté qui délierait
l'écrivain des chaînes d'un engagement dans
lequel il lui était impossible de s'exprimer à la
première personne et d'embrasser des sujets
selon les caprices de son art.

L'indépendance dans les thèmes abordés
et la liberté de ton seront réunies dans deux
des œuvres les plus emblématiques de la littérature africaine, *Le Devoir de violence* (1968)
du Malien Yambo Ouologuem et *Les Soleils
des indépendances*, de l'Ivoirien Ahmadou
Kourouma. Ils seront d'ailleurs les deux
premiers écrivains africains à remporter le prix
Renaudot.

Dans *Le Devoir de violence*, les partisans
de la négritude en prennent pour leur grade
car Yambo Ouologuem rompit la discipline

imposée par la valorisation des civilisations noires et rappela comment l'esclavage de l'Afrique par les Arabes et la colonisation par les « Notables africains » existaient déjà avant l'arrivée des Européens. Il écrivit dans la préface :

C'est le sort des Nègres d'avoir été baptisés dans le supplice : par le colonialisme des Notables africains, puis par la conquête arabe [...]. Les Blancs ont joué le jeu des Notables africains...

Ahmadou Kourouma fera une synthèse entre l'Afrique ancienne et celle du présent dans *Les Soleils des indépendances* en campant le personnage de Fama, un prince malinké nostalgique de la grandeur de sa lignée et qui doit faire face non seulement au nouveau mode de vie, mais surtout à l'avènement du parti unique.

Ces deux romans inaugurèrent une période de désillusion : les indépendances africaines n'avaient pas apporté l'éclat du soleil attendu ; au contraire, le colon blanc avait été remplacé par le dictateur noir. Cet « afro-pessimisme » s'exprimera chez les écrivains majeurs de la fin des années 1970 et du début des années 1980 comme Mohamed-Alioum Fantouré avec *Le Cercle des tropiques* (1972), Sony Labou Tansi avec *La Vie et demie* (1979), Tierno Monénembo avec *Les Crapauds-Brousse* (1979), Williams Sassine avec *Le Jeune Homme de sable* (1979) ou encore Henri Lopes avec *Le Pleurer-Rire* (1982).

En même temps, les années 1970 verront l'arrivée des femmes dans le paysage littéraire. La Malienne Aoua Keïta publie *Femme d'Afrique*, retraçant son itinéraire de sage-femme et de militante vue d'un mauvais œil par l'Administration coloniale et par les « anciens » de son village soucieux de préserver leurs intérêts. En 1978 sera édité *La Parole aux négresses*, de la Sénégalaise Awa Thiam. Préfacé par la militante féministe française Benoîte Groult, cet ouvrage avait consolidé la voie du « témoignage » dans les premiers écrits des femmes, avec de vraies paroles de celles qui avaient subi des injustices et des humiliations physiques ou morales.

Les deux plus grandes révélations seront cependant les Sénégalaises Mariama Bâ et

Aminata Sow Fall. La première publiera *Une si longue lettre* (1979), « roman épistolaire » dans lequel son personnage, à la suite de la mort de son mari, revient sur son existence de femme mariée avec un homme polygame.

Aminata Sow Fall – que je considère comme la plus grande romancière africaine et à qui je consacre un chapitre dans mon essai *Le monde est mon langage*[1] – publia en 1976 un premier roman intitulé *Le Revenant*. Elle apportait un ton et une originalité remarquables avec un regard éloigné de celui de ses consœurs, empêtrées pour la plupart dans les thématiques attendues de la condition féminine, de l'excision, de la polygamie, de la dot ou de la stérilité. Sow Fall privilégie le « citoyen narrateur » au détriment du personnage principal, féministe et trop sermonneur. Son roman le plus connu, *La Grève des bàttu* (1979) pourrait, dans une certaine mesure, même si l'auteure s'en défend souvent, être lu comme une charge contre la politique menée

---

1. Alain Mabanckou, *Le monde est mon langage*, Paris, Grasset, 2016.

par le président-poète Léopold Sédar Senghor qui avait décidé, dans les années 1970, pour la « bonne image du pays », de traquer les mendiants des rues de Dakar.

Cette génération de femmes sera suivie par une nouvelle, incarnée par la Sénégalaise Ken Bugul et la Camerounaise Calixthe Beyala. Si Ken Bugul est à cheval entre la thématique de l'aliénation du colonisé et celle de la réalité des us et coutumes du continent – comme dans *Riwan ou le chemin de sable*, où la narratrice, ayant séjourné en Europe, rentre au pays et choisit de se dépouiller de son acculturation en embrassant les traditions de ses racines –, Calixthe Beyala se tourne vers une littérature de migration car, désormais, installés en France, les écrivains alors en vogue à la fin des années 1980 et tout au long des années 1990 suivent les errances de l'Africain. Celui-ci, éloigné de son continent, devra composer avec la rumeur du monde et les nouvelles injustices liées à sa condition d'immigré. Bessora, Fatou Diome, Daniel Biyaoula, J. R. Essomba, entre autres, sont des exemples de cette tendance, à savoir une littérature de l'observation du lieu de la migration en opposition avec le continent d'origine, et Jacques Chevrier parlera à juste titre d'une littérature de la « migritude ».

La littérature africaine des années 2000 poursuit cet élan de migration en y inscrivant une dimension plus éclatée. Elle nous dit qu'en se dispersant dans le monde, les Africains créent d'autres « Afriques », tentent d'autres aventures, peut-être salutaires, pour valoriser les cultures du continent noir, conscients que l'oiseau qui ne s'est pas envolé de l'arbre sur lequel il est né ne comprendra jamais le chant de son compère migrateur.

Comment justement entrer dans la mondialisation sans perdre son âme pour un plat de lentilles ? Telle est la grande interrogation de cette littérature africaine en français dans le temps présent. Et la thèse de Dominic Thomas dans *Noirs d'encre* nous rappelle que l'heure est venue pour la France de comprendre que ces diasporas noires qui disent le monde dans la langue de Molière et de Kourouma se trouvent au cœur de l'ouverture de la nation au monde, au cœur même de sa modernité[1].

J'appartiens à cette génération-là. Celle qui s'interroge, celle qui, héritière bien malgré elle de la fracture coloniale, porte les stigmates d'une opposition frontale de cultures dont les bris de glace émaillent les espaces entre les mots, parce que ce passé continue de bouillonner, ravivé inopportunément par quelques politiques qui affirment, un jour, que « l'homme africain n'est pas assez entré dans l'histoire » et, un autre jour, que la France est « un pays judéo-chrétien et de race blanche », tout en évitant habilement de rappeler que la grandeur du pays en question est aussi l'œuvre de ces taches noires, et que nous autres Africains n'avions pas rêvé d'être colonisés, que nous n'avions jamais rêvé d'être des étrangers dans un pays et dans une culture que nous connaissons sur le bout des doigts. Ce sont les autres qui sont

_____

1. Dominic Thomas, *Noirs d'encre. Colonialisme, immigration et identité au cœur de la littérature afro-française*, traduit de l'anglais par Dominique Haas et Karine Lolm, Paris, La Découverte, 2013.

venus à nous, et nous les avons accueillis à Brazzaville, au moment où cette nation était occupée par les nazis.

J'appartiens à la génération du Togolais Kossi Efoui, du Djiboutien Abdourahman Waberi, de la Suisso-Gabonaise Bessora, du Malgache Jean-Luc Rahimanana, des Camerounais Gaston-Paul Effa et Patrice Nganang.

En même temps, j'appartiens aussi à la génération de Serge Joncour, de Virginie Despentes, de Mathias Enard, de David Van Reybrouck – avec *Congo, une histoire* –, de Marie NDiaye – avec *Trois femmes puissantes* –, de Laurent Gaudé – avec *La Mort du roi Tsongor* –, de Marie Darrieussecq – avec *Il faut beaucoup aimer les hommes* –, d'Alexis Jenni – avec *L'Art français de la guerre* – et de quelques autres encore, qui brisent les barrières, refusent la départementalisation de l'imaginaire parce qu'ils sont conscients que notre salut réside dans l'écriture, loin d'une factice fraternité définie par la couleur de peau ou la température de nos pays d'origine.

Monsieur l'Administrateur,

Mesdames et Messieurs les Professeurs,

Dans la chaire que vous m'avez confiée cette année, c'est en libre créateur que j'entreprendrai mes voyages à travers cette production littéraire africaine, m'interrogeant à chaque quai sur ses lieux d'expression, sur sa réception critique et sur ses orientations actuelles.

Je m'appesantirai également sur l'aventure de la pensée africaine – on parle aujourd'hui de « pensée noire » –, et j'insisterai par conséquent sur la place de l'Histoire (passée ou contemporaine), sur l'attitude de l'écrivain africain devant l'horreur – je pense notamment au génocide du Rwanda ou aux différentes guerres civiles qui ont donné naissance à un personnage minuscule, terrifiant et apocalyptique : l'enfant-soldat. La présence d'historiens, d'écrivains ou de philosophes dans mes séminaires aura pour ambition d'illustrer la richesse des études africaines qui constituent depuis une discipline autonome dans les universités anglophones, en particulier américaines.

Le colloque que j'organiserai ici même le 2 mai prochain, auquel seront conviés de nombreux intellectuels et bien d'autres penseurs du temps présent, résonnera comme un appel à l'avènement des études africaines en France, non pas dans une ou deux universités marginalisées, non pas dans un ou deux départements dénués de moyens, mais dans un tout qui fait désormais sens pour comprendre la France d'hier mais surtout la France contemporaine – donc par une présence dans chaque espace où le savoir est dispensé dans ce pays.

J'ai conscience que c'est une entreprise qui nous conduira toujours à feuilleter les pages de notre passé commun, loin de l'esprit de revanche ou de l'inclination à rechercher la culpabilité d'un camp qu'on opposerait à l'innocence de l'autre, même s'il est délicat de juger avec les yeux d'aujourd'hui ce qui a eu lieu bien des siècles auparavant, sans pour autant mettre de côté la tentation de la morale et la séduction du manichéisme.

Je vous remercie.

Composition réalisée par Belle Page

Cet ouvrage a été imprimé par
la **N**ouvelle **I**mprimerie **L**aballery
(Clamecy, France)
68-9594-6/01
Dépôt légal : avril 2016
Numéro d'impression : 603409

Fayard s'engage pour
l'environnement en réduisant
l'empreinte carbone de ses livres.
Celle de cet exemplaire est de :
0,350kg éq. CO_2
Rendez-vous sur
www.fayard-durable.fr

PAPIER À BASE DE
FIBRES CERTIFIÉES